F

32943

LES COUTUMES

DE

REMOVLINS

publiées par

G. CHARVET

Président de la Société Scientifique et Littéraire d'Alais
Membre de l'Académie du Gard

ALAIS

TYPOGRAPHIE J. MARTIN

Rue Bridaine, 4, et rue Dumas, 5

—

1873

LES COUTUMES DE REMOULINS

INTRODUCTION HISTORIQUE

I

A égale distance de Nîmes et d'Avignon, à deux kilomètres en aval du Pont du Gard et au point d'intersection des deux routes nationales de Lyon à Beaucaire et d'Avignon à Montpellier, s'élève, sur la rive gauche du Gardon, le gracieux village de Remoulins, chef-lieu de canton de l'arrondissement d'Uzès, bien connu des visiteurs de l'aqueduc romain.

Cette localité, dont la population est aujourd'hui de 1,500 habitants, doit son nom à sa situation topographique par rapport au cours du Gardon, qui, sur ce point, formait jadis un brusque détour[1], fort atténué maintenant, par suite du déplacement de la rivière, mais qui autrefois enveloppait les deux tiers de l'enceinte de l'ancien village.

Au commencement de l'occupation romaine fut construit sur le Gardon, près de Remoulins, un pont en pierre dont les traces subsistent encore. La voie romaine de Nîmes à Alba Helviorum franchissait la rivière sur ce point.

A proximité de Remoulins, sur la rive opposée du Gardon et près du hameau de Lafoux, on trouve des vestiges considérables d'une bourgade gallo-romaine dont le nom n'est point parvenu jusqu'à nous. Le christianisme vint plus tard s'y établir ; une petite chapelle dédiée à sainte Colombe y fut édifiée et donna son nom à la localité, que la plupart de ses habitants abandonnèrent ensuite pour aller sans doute peupler les villages circonvoisins. Cette bourgade gallo-romaine était

---

[1] *Remoulin*, en langue romane (en catalan, *remoli* ; en italien et en espagnol, *remolino*), signifie : tourbillon d'eau, tournant ou détour accentué d'un cours d'eau ; entonnoir d'un gouffre.

elle-même située au pied du pic de *Mardieul* ou *Marduel,* sur lequel M. Cazalis de Fondouce vient de signaler l'existence d'un oppidum de l'époque néolithique [1].

II

Le plus ancien seigneur connu de Remoulins, ou plutôt *Remolins,* est Pierre Ier de Remoulins, qui se ligue, en 1140, avec Guillaume de Châteaurenard, en faveur de la maison des Baux, contre Raymond Bérenger II, comte de Provence [2].

Son fils Arnauld Ier apparaît comme témoin, dans une charte du mois d'octobre 1160, conservée aux archives de Nîmes, et comprenant plusieurs donations faites par le comte de Toulouse Raymond V, en faveur de diverses églises. Pierre II, son second fils, fut présent à une donation faite, en 1164, par le même Raymond V, en faveur du monastère de Saint-Saturnin-du-Port (Pont-Saint-Esprit).

Arnauld Ier de Remoulins eut trois fils : 1° Paul Ier de Remoulins, qui apparaît en 1239 ; 2° Raymond II de Remoulins-Carnasse, dont il est aussi fait mention en 1239 ; 3° Guillaume Hugues de Remoulins, mentionné comme défunt dans un acte de 1277 [3].

Paul Ier eut un fils : Arnaud II de Remoulins, chevalier, qui apparaît en 1277 et laisse à son tour un fils, Paul II de Remoulins-d'Estagel, qui paraît avoir possédé, par alliance, la seigneurie d'Estagel, près de Saint-Gilles, en 1324, et dont la descendance n'est pas connue.

Guillaume-Hugues de Remoulins eut trois enfants : 1° Raymond III de Remoulins, qui apparaît en 1277 ; 2° Rostaing de Remoulins, qui figure avec Marie, sa femme, dans le même acte de 1277 ; 3° Raymonde de Remoulins, qui épouse Pierre III de Remoulins, son cousin, petit-fils de Pierre II.

[1] C. de Fondouce, *les Temps préhistoriques dans le sud-est de la France.* — *L'Homme dans la vallée inférieure du Gardon.*

[2] Henri de Valori, *Hist. de Châteaurenard en Provence*, note, pag. 34.

[3] *Cartulaire de Remoulins,* pag. 31.

Pierre II de Remoulins laissa un fils, Raymond Ier, qui apparaît en 1213 [1] et en 1239 sous le nom de Raymond de Remoulins-Rabasse [2]. Son fils, Pierre III, épousa Raymonde de Remoulins, sa cousine, qui vivait encore en 1282 [3]. Il laissa deux enfants : Albert et Tiburge.

Tiburge de Remoulins épousa Vesian Ier d'Aigremont [4]. Elle était veuve en 1239. Son fils Vesian II prit le titre de coseigneur de Remoulins ; il épousa Marie Rabasse, fille de Raymond Rabasse, chevalier, mort en 1276, laissant un fils, Vesian III, orphelin et mineur, en 1284, sous la tutelle de Tiburge de Remoulins, sa grand'mère. Avec Vesian III dut s'éteindre cette branche.

Albert de Remoulins épousa, vers 1266, Esmenjarde, et mourut avant 1282, laissant deux fils : Pierre IV, né vers 1268, et Guillaume, sous la tutelle de leur grand'mère Raymonde [5].

Pierre IV de Remoulins mourut jeune et sans postérité, et son frère Guillaume, qui lui succéda, eut deux fils : Bertrand et Brémond. Bertrand de Remoulins épousa, vers 1315, Bertrande Lombard, d'Aramon. Il en eut trois enfants : Hugues, Bertrand et Azalaïs. Hugues de Remoulins mourut jeune et sans enfants ; Bertrand fut religieux de Saint-Augustin et chanoine régulier de l'Église de Nîmes. Azalaïs de Remoulins, restée seule héritière, épousa en premières noces Blaise des Arbres, coseigneur d'Aramon, dont elle eut deux filles : Prime des Arbres, qui épousa Jean Imbert, damoisel de Nîmes ; et Sancie des Arbres, qui fut mariée, en 1383, à Raymond Rabasse, damoisel de Remoulins.

Azalaïs de Remoulins, devenue veuve, épousa en deuxième noces, vers 1350, Philippe Bras-Fort, dit Albertin, damoisel,

[1] *Gallia christiana*, t. IV, col. 625.
[2] *Cartulaire de Remoulins*, pag. 17.
[3] *Id.*, pag. 33.
[4] Aigremont, commune du canton de Lédignan, arrondissement d'Alais, département du Gard.
[5] *Cartulaire de Remoulins*, pag. 33.

jurisconsulte, coseigneur de Nîmes et chevalier des Arènes, dont elle eut un fils : Ubertin, ou Albertin Bras-Fort, qui épousa, en 1374, Azalaïs d'Aramon, et mourut jeune, laissant un fils unique, Jacques Bras-Fort, en bas âge, sous la tutelle de sa grand'mère Azalaïs de Remoulins, qui le fit son héritier universel. Jacques Bras-Fort épousa Marguerite de la Baume-Sanilhac et en eut un fils, Pierre, qui mourut sans postérité.

Brémond de Remoulins, deuxième fils de Guillaume, dut former une branche cadette qui dérogea ; car on trouve dans Ménard un Raymond de Remoulins, consul de Nîmes en 1362, dont le fils Pierre V, nommé chanoine de la cathédrale de Nîmes la même année, apparaît en 1394 comme prieur d'Alvernes[1] et, en 1419, comme prévôt de la cathédrale de Nîmes. Un frère de Pierre V, nommé Jean, fut aussi chanoine de l'église de Nîmes et prieur de Roquedur en 1394.

Un troisième fils de Raymond, Jean de Remoulins, fut consul de Nîmes en 1412, 1429 et 1435 ; et Alexis de Remoulins, fils de ce dernier, était marchand drapier et consul de la même ville en 1425, 1434, 1449 et 1460.

Les seigneurs de Remoulins portaient : *coupé d'azur et fascéondé d'argent et d'azur, à la meule de moulin d'argent percée de sable, brochant sur le tout ; à la bordure componée d'argent et d'azur* [2].

III

Remoulins fut, parmi les communes du Midi, une des premières à conquérir des franchises municipales assez étendues. L'établissement de son consulat remonte aux premières années du XIIIme siècle. Les consuls, au nombre de deux, et pris l'un parmi la noblesse, l'autre dans la bourgeoisie, administraient la communauté, veillaient à l'ordre public, avaient la garde des clés des portes de la ville, et assemblaient

[1] Saint-Etienne-d'Alvernes, village aujourd'hui détruit, sur le territoire de Clarensac.

[2] Ch. de Tourtoulon, *Jacme I*[er], t. II, p. 663, col. 2.

le Conseil au son de la cloche. Leur charge était annuelle, et l'élection des nouveaux consuls et de leurs conseillers avait lieu le mardi, troisième fête de Pâques de chaque année. L'installation des nouveaux consuls était suivie d'un repas auquel prenaient part tous les administrateurs de la communauté, et où l'on mangeait l'Agneau pascal. La dépense de ce festin était réglée aux frais de la commune. A partir du XVIᵉ siècle, les deux consuls furent pris dans la bourgeoisie.

Les assemblées du Conseil politique se tenaient, suivant la saison, en divers endroits particuliers : en été, sous un ormeau planté en face de la porte principale des remparts [1]; en hiver, soit sous la porche de l'église paroissiale N.-D.-de-Bethléem, soit dans l'église elle-même, soit à la *Cournilhe,* large avenue située au midi des remparts et qui a longtemps servi de *jeu de paume;* ou bien encore, quand les rigueurs de la saison ne permettaient pas de rester en plein air, dans la pièce située au-dessus du four commun, et dans laquelle étaient déposées les archives.

Les consuls sortant de charge remettaient aux nouveaux consuls une copie des règlements de police, ou *Coutumes* de la ville, rédigés sous forme de proclamation. Cette pièce était soumise à l'approbation du viguier de la communauté, et rendue exécutoire sous la sauvegarde de son autorité. La plupart des articles de ces *Coutumes,* sagement conçus, ne seraient pas déplacés même à notre époque.

IV

Sous les successeurs de Charlemagne, Remoulins, comme le reste du Languedoc, passa sous la suzeraineté des comtes de Toulouse.

A la suite de la guerre des Albigeois et de la soumission de

---

[1] Les armoiries municipales de Remoulins sont, d'après Gastelier de la Tour: *de gueules, à un ormeau de sinople entre deux tours; le mot* REMO — VLIN *partagé.*

Raymond VI, le 18 juin 1209, la suzeraineté de Remoulins fut attribuée, par Simon de Montfort, aux évêques d'Uzès; et c'est à ce titre que Raymond VI fit, le 11 novembre 1209, hommage à l'évêque pour les châteaux de Moussac, la Calmette, Remoulins, Fournès, Saint-Hilaire d'Ozilhan et autres lieux.

Antérieurement à cette époque, Raymond V, comte de Toulouse, paraît avoir fait don du château de Remoulins aux évêques de Viviers. C'est ce qui semble résulter d'un traité passé en août 1210 entre Raymond VI et Bernon, évêque de Viviers : ce dernier réclamait la restitution des châteaux d'Aiguèze, de Grospierres et de Remoulins, donnés par Raymond V à l'évêque Nicolas, son prédécesseur.

A la suite de ce traité, l'évêque de Viviers fit l'abandon de Remoulins, dont le comte de Toulouse avait fait hommage, l'année précédente, à l'évêque d'Uzès.

En 1211, Philippe-Auguste confirma les donations faites par son père à l'église d'Uzès, en 1156, et y ajouta Vers, Remoulins, Fontejean ou Belvezet, Colias, Saint-Privat et autres lieux.

A la suite du traité de Paris (1229), le comte de Toulouse, Raymond VII, céda à la couronne le comté d'Uzès, dans lequel se trouvait compris Remoulins. On sait que le Languedoc ne fut définitivement réuni à la France qu'en 1271.

Par un acte du VII des kalendes de mars (23 février) 1290 (1291), Philippe le Bel céda à Bermond III d'Uzès la seigneurie de Remoulins et autres lieux circonvoisins, en échange des salines de Peccais et des ténements de la Sylve et de Teillan [1].

Par des lettres patentes datées de Mont-de-Marsan au mois de mai 1565, Charles-IX, voulant récompenser Antoine de Crussol, érigea en sa faveur la *vicomté* d'Uzès en *duché* et la terre de Remoulins en *baronie*.

Durant les guerres de religion du XVIᵉ et du XVIIᵉ siècle,

[1] *Cartulaire de Remoulins*, p. 45 et suiv.— *Trésor des Chartes*, aux Archives nationales : série J, 295, n° 33.

cette localité joua un rôle assez important comme position militaire, par suite de sa situation au point de croisement des routes principales suivies par les armées belligérantes.

En 1587, Montmorency-Damville, à la tête de 5,000 hommes, tint cette place assiégée pendant près de deux mois, sans pouvoir s'en rendre maître, grâce à la vigoureuse défense organisée par les soins du colonel Alphonse d'Ornano.

Le 20 avril 1589, les huguenots s'emparèrent de Remoulins par escalade, et passèrent au fil de l'épée la garnison et les habitants qui n'avaient pu se sauver.

Lors de la première rébellion des seigneurs, sous le ministère de Richelieu, Remoulins éprouva de nouveaux désastres :

Au mois de septembre 1628, le duc Henri de Rohan investit le village avec toute son armée, composée de 4,000 hommes de pied, 200 chevaux et trois canons, et somma la place de se rendre. Les habitants, n'ayant pour se défendre qu'une garnison de 30 hommes d'armes, entrèrent en composition avec Rohan, qui leur promit la vie sauve et les garantit de pillage, moyennant une rançon de 3,000 livres. Cette somme était à peine comptée, qu'au mépris du traité de capitulation les assiégeants pillèrent le bétail des habitants, s'emparèrent des meubles, du linge et des fruits ; ravagèrent les vignes, burent le vin, brûlèrent plusieurs maisons et emportèrent les deux cloches de l'église à Uzès.

A la suite de la révolte de Gaston d'Orléans, où fut entraîné le duc de Montmorency, le duc d'Elbeuf, tenant pour ce dernier, vint, le 2 septembre 1632, investir Remoulins pendant que le maréchal se portait à sa rencontre par le Pont-Saint-Esprit. Au moment où d'Elbeuf prenait ses dispositions pour repasser le Gardon et se mettre à couvert avec ses bagages, le maréchal tomba à l'improviste sur son arrière-garde et, en un instant, la mit en complète déroute. Cet événement eut lieu le 4 septembre au soir, trois jours après le combat de Castelnaudary, où Montmorency avait été fait prisonnier.

V

Il existe dans les archives de Remoulins six originaux, plus ou moins complets, des *Coutumes de Remoulins,* que nous reproduisons ci-après, suivant le texte de 1500.

Le premier de ces originaux est de l'année 1358; le second est de 1460 : Jean de Foucheran, seigneur de Lussan, et Guillaume Long, consuls sortants, le remettent à Jehan de Laudun et Thonon Papacuer, consuls nouveaux. Le troisième est de 1500 : c'est celui que nous reproduisons en entier. Le quatrième est de 1525 : il est remis par Philippe Dutour et Jehan Colet, consuls vieux, à Gilet Delpuech et Jehan Fabre, consuls nouvellement élus. Le cinquième est de 1529 ; il est remis par Gilet Delpuech et Michel Serre à Jean Fabre et Jean Jaume. Le sixième, enfin, daté de 1583, est donné par Jehan Colomb et Elie du Mas à Claude Valhen et André Fabre.

Dans le texte original de 1500, que nous reproduisons ci-après en entier, et en respectant scrupuleusement l'orthographe du document, malgré les divergences que présentent plusieurs mots, on remarquera les quadruples formes : *consouls, consoulz, consols, consolz ;* — *domage, domaige, dopmage, dopmatge ;* les triples formes : *nuyt, nueg* et *nuech; degun, dugun,* et *deugun* ou *deugum;* les doubles formes : *deguna* et *neguna; jor* et *jorn,* etc....

Les *Coutumes de Remoulins* sont destinées à prendre place dans le *Cartulaire* de cette localité, que nous nous disposons à publier sous les auspices du Conseil municipal. On ne saurait trop louer l'Administration éclairée de cette commune pour son intelligente initiative et le bon exemple qu'elle donne, dans le Gard, à la plupart de ses pareilles, qui, mieux favorisées au point de vue de leurs ressources communales, voudront certainement la suivre dans la voie qu'elle vient de leur tracer.

G. CHARVET.

ORDONNANCES ET RÈGLEMENTS DE POLICE

SOUS FORME DE PROCLAMATION

en usage dans la communauté de Remoulins pendant le moyen âge

Las ordenances et empressas [1] del luoc de Remolins, faichas per los Consouls deld. luoc coma es acoustumat de fayre chascun an; que los Consouls vielhs baylont aux Consouls novels, per lasqualas els se devont governar, et son estadas fachas per lo noble Nicholau de Laudum et Bertrand Delsere, Consouls del an mil iiij[c] lxxxxix (1499) et bayladas aux saches homes Jehan Rovieyre et Simon Plañol, Consouls deld. luoc de Remolins per lan present mil v[c] (1500).

Premieyrament ordonont losd. consouls que deugum bestiari, ne gros, ne menut, de arayre ne autre, intre au Prador [2] de la Plana, ne de dos ayguas [3], despueys la Malautieyra [4] seguem lo chamin de Bañolz jusques a las partidas [5] de Castilhon ; de Caresme prenent [6] jusques à la festa de sainct George, sans licensa desd. consouls, et aquo sur pena de ban [7] que es *ij* deniers torneys per chascuna bestie grossa, prenent

---

[1] *Empressas, empresses, emprezes, emprezies* ou *emprises*, résolutions prises, arrêtés.

[2] Ce qu'on appelle aujourd'hui les Terres de la ville.

[3] « Entre deux eaux » l'île de Remoulins, appelée aux XIIIe et XIVe siècles *insula Garonia*, île Garonie, Garogne ou du Gardon.

[4] La Maladrerie ou l'Hôpital.

[5] Les limites de Castilhon.

[6] Les ordonnances de 1583 portent: « Despuys le jour de Notre-Dame-la-Candeleuze de febvrier (2 février) jusques à la feste sainct George (23 avril). »

[7] Le mot *ban* a plusieurs significations. Il est pris ici dans le sens de peine ou amende municipale ou coutumière encourue par suite du dommage causé sur l'héritage d'autrui, soit par homme, soit par bête.

x menudas per une grossa, et de malafacha per herbaige una carta de blat à la Caritat [1] lo jor, et de nuech lo doble.

Ordonont et deffendont outra plus losd. consolz que de tout lo demorant de l'an, deugum bestiari, minut ne autre, fora aquel del arayre solament, intre en lod. Prador loqual es retengut per deves [2] del bestiari del arayre, sub pena de ban que dessus, sans licensa desd. consouls.

Item, semblablament deffendon losd. consouls que deugum bestiari [3], de arayre ne autre, intre en lo autre deves des Molins [4] que es sur la Valaguyeyra, loqual se pren despuys los pratz del noble Nicholau de Laudum, de Baudran jusques al chamy de Avinhon [5], de Caresme prenent jusques al Magdalena, sur pena que dessus; et de tot lo demoran de l'an deugum autre bestiari, senon aquel del arayre sans licence desd. consolz e sur pena que dessus.

Item, que deugum bestiari, gros ne menut, de qualque calitat que sia, non intre ne passe per blatz, legumes, milheyras, canabieyras ne pratz deffensatz, sub pena de ban *vj* den. t^s per bestie grosa, et *x* menudas per una grosa, et per escabot *ij* sols t^s lo jor et de nuech la doble, et autant de malafacha a la partida, ou estre a la estima ou a la guausida [6] de aquel que aura pres lo domaige.

Item, que deguna persona n'ay a metre ne laisar anar de tout l'an, degun bestiari de calque calitat que scia per las vinhas, sur pena de ban que de sus *ij* sols, ou estre a l'estima et mersi dez consoulz.

Item, que deguna persona n'aya a passar an sa carreta per pratz, blatz, vinhas, legumes, milheyras, sur pena de ban *v*

---

[1] La Caritat, ou les pauvres de Remoulins.

[2] *Deves*, rendu à tort par *devois*: terrain, bois, pâturage défensable, réservé.

[3] Bétail aratoire.

[4] Les moulins du Devezon, aujourd'hui détruits.

[5] Le chemin d'Avignon passait, à cette époque, au-devant du moulin de Basset.

[6] Au bon plaisir.

deniers lo jor et de nueg lo doble, et auctant de malafacha
a la partida, ou estre à l'estima et merci des consolz coma
desus.

Item, que deguna persona non layse anar degun bestiari,
gros ne menut, en autruys olivedas, despuys Sant-Michel jusquas que tout sia olivat, sur pena de ban *vi* den. per porc et *vij*
den. per bestia grossa et per escabot *ij* sols de jorn et de
nuyt lo doble et auctant de malafacha à la partida ou estre à
l'estima coma desus.

Ne aussi de tot lo demorant de l'an sur pena de ban *ij* den.
per bestia grossa et *ij* den. per cabra et auctant de malafacha
a la partida, ou estre a l'estima, et merci dez consolz.

Item, que deguna persona n'aya a metre bestiari gros ne
menut en rostobles d'autruy, ne ause glenar sans licence de
aquelos de quau seran losd. rostobles, tant que las garbas y
seran, sur pena de ban *xv* den. lo jorn. et de nueg lo doble,
et de ystar a la merci desd. consols coma desus.

Item, que deguna persona n'aya a tenir bestiari estrange se
non que a miech-creg [1], sur pena de ban per chascun jorn que
lur cera notificat de *xv* sols per bestia grossa, prenent *x* menudas per una grossa, et de malafacha per l'erbage auctant,
ou de demorar a l'estima sans la licence desd. consols.

Item, que deguna persona n'aya a tenir porcelz per los pratz
ne ayras de tout lan, sur pena de ban *ij* den. per bestia lo
jorn, et de nueg lo doble, et auctant per la malafacha, ou estre
a la merci des consoulz.

Item, que deguna persona n'aya a gardar bestiari sans sonalha de nueg, sur pena de ban *ij* den. chescuna vegada [2].

Item, que neguna persona n'aya a prene bestiari a mieges
ne a miech-creg, sans la notiffication desd. consols e que lo
nombre non passa quaranta bestias menudas et quatre grossas,
coma es acostumat de tota ansienetat, sur pena de ban et
confiscation deld. bestiari ansi pres, sans lad. notiffication et

[1] Demi-croît, demi-produit, la moitié des agneaux.
[2] Chaque fois.

licence ; et ausi que lo nombre passara desusd. et acostumat,
x sols per bestia grossa, prenent *x* menudas per una grossa,
et de malafacha per l'erbage auctant, et de estre a l'estima et
merci dez consolz coma dessus.

Item, que dugun pastre n'aya a tenir bestiari menut se non
lo nombre de *xxx* bestias, ansi que es acostumat de tota ansienetat, sur pena de ban de *xx* sols, sans la licence dels.
consouls et auctant per la malafachura per l'erbage totz los
jorns que lur sera defendut, ou estre a la merci des consolz.

Item, que deguna persona n'aya a metre ne laysar anar son
bestiari gros ne menut, de tot l'an, dedins lo cimeteri de Nos-
tra-Dama-de-Belhem[1], sur pena de ban *iij* den. chascuna vegada, ne estendre bugada.

Item, que degun noyriguié[2] n'aya a metre ne far metre pargues pres de las vinhas, despuys Sanct-Sixt[3] jusquas que tot
sia vendimiat, sur pena de ban *v* sols et de estre a l'estima de
la malafacha que s'en poyrié seguyr.

Item, que deguna persona stranga n'aya a gardar bestiari,
gros ne menut, dedins lo Prador de Remolins sub pena de
ban, *ij* den. per bestia grossa, prenent *x* menudas per una
grossa, et per escabot *xv* sols, et de malafacha per l'erbage
auctant lo jorn et de nuech lo doble, reservatz et retengutz
an tot et pertot la grand merci voluntatz dez consolz de creyse
la pena se bon luy sembla, ou estar a l'estima.

Item, que deguna persona n'aya a culhir erbas sans licence
des consols en tota la juridiction de Remolins, sur pena de ban
iij sols t[s] et auctant de malafacha, ou estre a l'estima et merci
dez consols coma de sus.

Item, que deguna persona estranga non aia a pescar ne fayre
peschazon en la ribieyra de Gardon ne de Valeguyeyra, tant
que se estent la juridiction de Remolins, sans licence desd.
consols, et aquo su pena de ban *xvj* sols, ou estre a la merci

---

[1] Le cimetière de l'église paroissiale Notre-Dame-de-Bethléem occupait
le devant de l'église convertie aujourd'hui en hôtel de ville.

[2] Nourrisseur, éleveur de bestiaux.

[3] 7 août.

des consouls et voluntat, sur pena que de sus et confiscation des arneys, ne subtanament cassar.

Item, que deguna persona n'aya a fayre canatz, ramadas, ne buernada[1], ne qualque autra causa que puescha enpachar l'ayga, per fayre domage à la causa publica, sans lo voler et conget, licensa desd. consolz et de lur conseilh, tant que dura la jurid^on de Remolins, sur pena de ban, *iij* sols et auctant de malafacha, ou estre a l'estima et merci dez consols coma de sus.

Item, que deguna persona n'aya a talhar ne fayre talhar degunas cregudas[2] ne albres qualcunquas que l'on veyra que seran au profit et utilitat de conservar lo Prador; ne fayre manjar ne laysar manjar a degun bestiari, tant que se esten la juridiction de Remoulins sur la ribieyra de Gardon, despueys las partidas de Castilhon fins a las partidas de Fornès et Sernihac, sur pena de ban *v* sols et auctant per la malafachura, chascuna vegada que y seran trobatz, au profit utilitat de la communa et de estre a l'estima et merci dez consols coma de sus.

Item, que deguna persona n'aya a talhar ne fayre talhar en tota l'Isla degunes aubres que scian bons per maysonar[3], sur pena de ban *ij* sols et auctant per la malafachura, ou estre a l'estima et merci dez consols.

---

[1] *Buernada, vuernada* ou *vernado,* palissade en fascines, formée de piquets et de branches d'aune (*verno,* en languedocien) entrelacées, constituant des travaux de défense contre un cours d'eau.

[2] *Cregudas,* pousses d'arbre, végétations, oseraies, qui se développent spontanément dans les alluvions des rivières. — « Cregudas coma sont viegeyras », dit l'ordonnance de 1529.

L'article correspondant des ordonnances de 1583 porte : « *Item,* que deugune personne ne pourra et ne leur sera permys tailber, coupper ne fere manger a deugun bestailh le creys tant que durera terre de Remolins, ne gastar arbres, ne vosges, ne saulzes, ne aultres arbres, soubs le ban de cinq sols six deniers per personne, et per bestie grosse quatre deniers et aultant per dix menudes, et per escabot quatre sols de jour et le double de nuict, et payer l'extime à qui appartien. »

[3] Qui puissent servir de poutres, de bois de construction.

*Item, que deguna persona n'aya a fayre lachusclada[1] en Gardon ne en Valeguyeyra tant que se esten la juridiction de Remolins, sur pena de ban *xxv* sols, et auctant per la malafachura anaquel a qui apertendra, ou estre a l'estima del encenement[2] et dopmage que sen seyra segui et sen segria[3].

Item, que deguna persona de qualque estat et condicion que scia n'aya a metre ne far metre fuoc en restobles ne autra part sans licence dez consols, sur pena de ban *iij* sols et de estre a l'estima et merci dez consolz coma de sus.

Item, que deguna persona n'aya a culir erbas en ribas d'autruy, ne fayre pastorguar sas bestias pres dels blatz, que porton dopmatge a degun, sur pena de ban *vj* deniers lo jorn et de nueg lo doble.

Item, que deguna persona n'aya a culhir frutz en autras possessions sans licence de aquelos de qui seran, sur pena de ban *xij* den. et autant per la malafacha lo jorn et de nuech lo doble, et de estre a l'estima et merci dez consols coma de sus.

Item, que deguna persona n'aya a garbeiar en hora suspecta sur pena de ban *xij* sols, et de estre a la merci dez consols.

Item, que deguna persona n'aya a fayre deguns camys novels en possessions d'autruy, ne rompre deguns camys, sur pena de ban *iij* sols t[s] chescuna vegada et auctant per la malafachura a la partida a qui apartendra, et de estar a l'estima et merci dez consouls.

---

[1] Empoisonnement des poissons au moyen de l'euphorbe ou tithymale, appelée autrefois *lachusclo* en languedocien (du latin *lactucula*, plante laiteuse), et aujourd'hui *ginusclo*. (V. MISTRAL, *Mirèio*, cant nouven, stance 1.)

[2] *Encenement* ou *encenhement*, substantif du verbe *encenher*, enceindre; il signifie ici : *espace, étendue* de terrain endommagé, *portion* du cours d'eau circon-crite par le dommage causé.

[3] L'article des ordonnances de 1583 correspondant à ce dernier porte : « *Item,* que deugune personne non aye a mettre aulcunes herbes en la rivière de Gardon ne en la Valleguière, comme lajuscles ne autre chose que puysse porter dommaige a les personnes ne au bestiary dud. lieu, soubs le ban de cent sols per chesque vegade que leur sera inthimat et de payer le dommage que en pourrayt venir. »

Item, que deguna persona n'aya a rompre ne obrir clausuras de autruy ortz [1], vinhas ne possessions, sur pena de ban *ij* sols chascuna vegada de jorn et de nueg lo doble et autant de la malafachura a la partida, ou a estre a l'estima coma de sus.

Item, que deguna persona n'aya a culir ortolalha en autruy ortz, sur pena de ban lo jorn et de nueg lo doble, et auctant de malafachura *ij* sols, et de estre a l'estima et merci dez consouls.

Item, que deguna persona de calque estat et condicion que sia ause cassar per los blatz, despueys lo primier jorn de abril jusquas a tant que tot sia meysonat [2], ne ainsi per las vinhas despueys que ellas son en talha jusquas a tant que tot sia vendimiat, sur pena de ban *iiij* sols lo jorn et la nueg lo doble, et auctant per la malafacha a la partida, ou estre a l'estima et merci dez consols.

Item, que deguna persona n'aya a culhir rayins [3], en autras vinhas jusquas que scian vendimiades, sur pena de ban *iij* sols, chascuna vegada que y seran trobatz et autant per la malafacha a la partida, et a estre a l'estima et merci dez consols.

Item, que deguna persona n'aya a menar sos chins per las vinhas despuys Sant Sixt jusquas que seran totas vendemiadas, ne laysar anar aquelos dels pargues sans una sonalha au col que l'on los puescas ausir, et los autres ayon a portar ung croc al col [4], sur pena de ban *v* den. chascuna vegada et autant per la malafacha a la partida de jorn et de nueg lo doble, ou estre a l'estima et merci des consols coma de sus.

Item, que deguna persona n'aya a portar fuoc de ung ostal en autre, ne per las carrieyras ne ayras, que non sia cobert,

---

[1] Jardins. — [2] Moissonné.

[3] Raisins.

[4] Leur attacher au cou un billot ou tronçon de bois appelé *bihouiro* ou *tarabast*, qu'on suspend au cou des animaux pour les empécher d'entrer dans les vignes.

ne per autres luocz que puesca fayre dopmage a degun, sur
pena de ban *ij* den. et de ystar de la malafacha et del dopmage
que sen poyra seguir.

Item, que deguna persona non layse anar son bestiari
gros per la villa sans estaca, sur pena de ban *vj* den. chascuna vegada, ou d'estre a l'estima del domage que sen poyrié
seguir.

Item, que degun carretier n'aya a montar sobre sa carreta
per la villa jusquas que aya passada la barreyra[1], sur pena de
ban *xj* sols chascuna vegada, et de estre a l'estima del dopmage, si pout n'y a[2].

Item, que deguna persona n'aya a tenir sa carreta en luoc
plubic (*sic*) ne empachar los passages plubicz, sur pena de ban
vj den. chascuna vegada que y sera trobada.

Item, que tot cap de osial[3] aia a netegar la frontieyra de
sa carreyra[4] despueis Pascas fins a Sant-Michel, sur pena
de ban *ij* den. chascun dissapte et Vigilias de festas solennas.

Item, que tota persona que a ayguyer[5] en carreyras publicas de lad. villa aya a fayre ung cros en terra et lo cobrir
sufficientment que non done enfesiunt ne autra pugnasaria
sur pena de ban *ij* sols chascun jorn que lur sera notifficat.

Item, que deguna persona n'aya affayre femorasses[6] en las
carreyras publicas de lad. vila ne angles del Portal[7], sur pena
de ban *iiij* den. chascuna vegada que lur sera notificat de
ostar losd. femorasses et, per la malafacha, una carta de blat à
la Caritat.

Item, que deguna persona n'aya a gitar, laysar, ne metre
degunas carronihadas[8] per las carreyras de lad. vila, sub

---

[1] L'enceinte des remparts.
[2] Pour si peu qu'il y en ait.
[3] Tout chef de maison.
[4] Le devant de sa maison.
[5] Evier ou égout de cuisine.
[6] Tas de fumier.
[7] Dans l'angle rentrant des pieds-droits du Portail ou porte principale des remparts.
[8] Cadavres d'animaux morts, charognes.

pena de ban *ij* solz a qui tochara, chascuna vegada que lur sera notificat et de estre constrayt a hostar ho fayre garar lasd. carronihadas a sos despens et portar ho fayre portar luen de lad. villa sufficienment que non done enfeciunt , un giet d'arc [1].

Item, que tota persona que fay pan per vendre que loffassa bon et sufficient segon lo pres del blat, sur pena de ban *x* sols t[s] et confication deld. pan a donar per amor de Dieu [2], a la ordenansa delsd. consols et dez consilhes.

Item, que degun bochier n'aya a vendre carn a rescos [3], ne soflar aqual an la bocha [4], ne tuar bestiari que non veniha per lur peses au masel [5], sur pena de ban *xv* sols t[s] et perdicion de lad. carn [6].

Item, que tota persona que pren peyson tant que dura la juridicion de Remolins, non aia a transportar lod. peyson en autra part fora lod. luoc de Remolins ne juridicion, que primieyrament non lo porte en la villa et lo tenha [7] en plassa publica una hora, afin que en voldra aver que s'en puesca fornir chascun de lad. villa; et que non aia a vendre la lieura del vayron que *ij* den.; los gofiz, loquas, *iij* den.; la lieura de las sophias et anguillas *iiij* den.; carpos, cabotz, lucos, *vj* den.; trochas, umbras [8], barbeus, *viij* den.; sur pena de ban *iij*

---

[1] A une portée de flèche.

[2] C'est-à-dire aux pauvres par charité.

[3] *A rescos,* en cachette.

[4] Ne pas les gonfler en soufflant avec la bouche, au moyen d'une sarbacane.

[5] *Masel,* boucherie: *macellum* en latin.

[6] L'article correspondant des ordonnances de 1583 porte : *Item,* que aulcung bouchier ny autre personne ne vendra aulcune chenie à cachettes ne a resconx, et que led. bestailh ne vienne à la boucherie par ses pieds; ne pourran bouffer ne cofflar à la bouche et sera attenu tenir couffletz pour le cofflar, et ne balhera fede pour moutton, ne bouc. ne cabre per menon, mays balher ainsi que sera et non aultrement, soubs le ban de cent sols per chascune vegade que se pourra prouvar et confisquation de la chair et la bailher aux pouvres.

[7] Le tienne, l'étale.

[8] Ombre-chevalier.

solz t⁵ chascuna vegada, arest, detencion et confiscacion del peyson, se bon lur sembla auxd. consouls et que lod. peyson sie bon et merchan, ho autrament non layont a vendre sur la plassa.

Item, que touta persona que ha pres dopmage en sas possessions per lors varletz logadins[1], affin que los mestres delsd. varletz ayont recors et avertissament de lur contar losd. domages et malaffachas sur lur gatges devant que scien a terme, aya a bailar l'estima deld. dan, done entro aysi et Sant-Michel, et aquo sur pena de perdre lasd. estimas et de non estre donat ne ajustat se, a lasdichas stimas.

Item, que nulla persona aye faire nais de cambe[2] en la rivieyra de Gardon sans licence desd. consouls, sub pena' de *v* sols tourn.

Un article additionnel des ordonnances de 1358 porte :

« *Item*, que deguna persona n'aya a lavar bugada sur la » resclausa sur pena de ban de *vj* deniers t⁵. »

Un autre article additionnel des ordonnances de 1529 est ainsi conçu :

«*Item*, plus ordenon losd. consols que denguna persona, de » calq. qualitat que sia, non se done permission de ventar deu- » gunas glenas, ne deguns estobles, ne autras palhas, ne far » deugunas orduras davan lo Pos de Plassa[3], de *xxv* passes, » sur pena de ban *xxx* sols totas las fes que y seran trobatz » de jorn et de nuech lo doble. »

L'article final des ordonnances de 1583, relatif au courtier ou mesureur public, porte :

« *Item*, ne sera permys a deugune persone dud: lieu de

---

[1] Valets à gages.

[2] *Nais de cambe,* routoir ou creux dans la rivière, où l'on met à rouir le chanvre.

[3] Le puits de Place, puits communal situé sur la place du Castel-Vieux, aujourd'hui la Salvetat. Depuis quelques années, ce puits a été fermé et remplacé par une pompe. — Dans les vieilles légendes du pays, le puits de Place — *lou pous de Plaço* — est le théâtre des exploits d'un malin génie appelé *lou Fantastis.*

» vendre bled, huylle ne aultre merchandise au plus de neuf
» eymines bled, sans appeller le corretier dud. lieu, ou bien de
» luy raisonner son droict que luy appartien, et ne prendra que
» pour charge de bled troys deniers.

» *Item,* pour charge huylle ung sol troys deniers, *i* s. *iii* d.
» *Item,* pour vayssel de vin ung sol troys deniers, *i* s. *iij* d.
» *Item,* per quintal de layne   *v* d.
» *Item,* pour quintal de foyn ou palhe,   *iij* d. »

(Extrait de la *Revue des Langues romanes.*)

MONTPELLIER, IMPRIMERIE CENTRALE DU MIDI
(Ricateau, Hamelin et Cᵉ.)

www.ingramcontent.com/pod-product-compliance
Lightning Source LLC
Chambersburg PA
CBHW060508200326
41520CB00017B/4952